AF339525

ACTE PUBLIC POUR LE DOCTORAT.

DU MANDAT

En droit Romain et en droit Français.

(DIGEST. XVII, TIT. 1)

CODE CIVIL, livre III, tit. XIII, ch. 1, art. 1984 à 2010.

L'acte public sur les matières ci-dessus sera soutenu le jeudi 30 août 1838, à 3 heures et demie du soir,

Par G. A. DUMAY, né à Arc, près Gray (*Haute-Saône*).

PRÉSIDENT, M. BUGNET, Professeur.

<table>
<tr><td rowspan="4">SUFFRAGANTS,</td><td>MM. BRAVARD,</td><td rowspan="3">PROFESSEURS.</td></tr>
<tr><td>ROSSI,</td></tr>
<tr><td>VALETTE,</td></tr>
<tr><td>PEREYRE,</td><td>SUPPLÉANT.</td></tr>
</table>

PARIS,

IMPRIMERIE DE FIRMIN DIDOT FRÈRES,

IMPRIMEURS DE L'INSTITUT, RUE JACOB, N° 56.

1838.

A MON ONCLE,

MONSIEUR GRASSET,

ANCIEN COMMISSAIRE DES POUDRES ET SALPÊTRES.

HOMMAGE

DE RECONNAISSANCE ET DE RESPECTUEUX ATTACHEMENT.

INTRODUCTION.

Les Romains avaient posé comme une base de leur législation civile en matière de contrats, qu'on ne peut stipuler ni promettre pour autrui, c'est-à-dire que le stipulant ne peut acquérir directement pour un autre le bénéfice de la stipulation ni obliger un autre en promettant pour lui. Cette doctrine reposait sur le principe égoïste que : *Inventæ sunt obligationes ut unusquisque acquirat quod suá interest; cæterum ut alii detur non interest.*

Mais on pouvait stipuler qu'une chose serait donnée ou payée à un tiers, toutes les fois que le stipulant avait intérêt à ce qu'il en fût ainsi. On aurait même pu faire naître l'intérêt en ajoutant une clause pénale à la stipulation. On pouvait aussi prendre en son nom l'engagement qu'un tiers ferait quelque chose au profit du stipulant.

A part ces dérogations plus apparentes que réelles, les Romains étaient restés fidèles au principe; et l'avaient mis en harmonie avec toutes les positions légales dans lesquelles une personne peut être appelée à faire les affaires d'une autre.

Ainsi, le tuteur ne pouvait ni stipuler ni promettre au nom du pupille.

Ainsi le mandataire, qui aurait acheté au nom de son mandant, n'aurait obligé ni son mandant ni lui-même envers le vendeur, et réciproquement.

Ainsi, pour que la vente pût avoir lieu, il fallait que le mandataire achetât en son propre nom. Le mandataire était donc seul obligé; mais il avait le droit d'agir contre le mandant pour que celui-ci l'exonérât des obligations qu'il avait contractées à l'égard des tiers pour l'exécution du mandat. De son côté, le mandant pouvait forcer le mandataire à lui céder ses actions contre les tiers avec lesquels il avait traité.

Toutefois, dans la pratique, le Préteur modifia singulièrement la rigueur du principe, en accordant, dans certains cas, soit au mandant contre le tiers, soit au tiers contre le mandant, les actions *utiles* résultant du contrat.

Mais, malgré ces modifications, le principe continua de subsister en théorie.

Chez nous il a été reproduit par l'article 1119 du Code civil; mais il n'a pas, à beaucoup près, la même importance qu'en droit romain; il y a plus : il est très-souvent en contradiction manifeste avec les autres principes sur la matière des contrats.

Ainsi dans le mandat, le mandataire agit toujours au nom du mandant. Et, lorsqu'il donne à ceux avec qui il traite une connaissance suffisante de ses pouvoirs, il s'efface complétement, et le mandat produit entre les tiers et le mandant le même effet que s'ils avaient traité directement.

Il en sera de même dans les cas où les mandataires légaux agissent au nom d'autrui. Les personnes qu'ils représentent seront seules obligées. Ainsi quand le tuteur contracte au nom du mineur, il ne s'oblige point personnellement.

Quel est donc le sens et la valeur de la règle posée en l'art. 1119? il faut en convenir, cette règle se réduit à ceci : celui-là ne peut stipuler ou promettre pour autrui qui n'a pas qualité pour le faire; mais, réduite à ces proportions, la règle n'était peut-être pas bien nécessaire.

D'une part, en effet, qui se serait jamais imaginé qu'en promettant pour vous, je pusse vous obliger?

D'autre part, quel inconvénient y a-t-il à ce qu'on puisse stipuler pour autrui ?

§ II. *Du mandat et des positions légales qui ont avec lui le plus d'analogie.*

I. Mandat. — Gestion d'affaires.

Les obligations du gérant sont les mêmes que celles d'un mandataire. Mais celles du maître dont l'affaire a été faite peuvent être différentes de celles d'un mandant. Les obligations respectives du maître et du gérant ne résultent point d'un contrat, mais reposent principalement sur cette considération : que nul ne doit s'enrichir aux dépens d'autrui, surtout à l'occasion d'un service rendu.

On devra donc, en général, régler l'indemnité due au gérant, eu égard à l'utilité qu'a procurée ou que devait naturellement procurer la gestion.

Dans le cas du mandat, si d'ailleurs il a été fidèlement exécuté, on n'aura pas à examiner si cette exécution n'a pas été ou n'a pas pu être utile au mandant; celui-ci n'en devra pas moins complétement indemniser le mandataire. Ainsi, supposons le mandat de faire réparer une maison dont la valeur devait rester inférieure au montant des dépenses : le mandataire, auquel on n'aura à imputer aucune faute, pourra réclamer tout ce qu'il aura dépensé. Le simple gérant, en pareil cas, n'aurait droit qu'à l'augmentation de valeur que ses dépenses auraient procurée à la maison.

II. Mandat. — Cautionnement.

Le mandat produit souvent l'effet d'un cautionnement : c'est ce qui arrive lorsqu'il a pour objet un prêt d'argent ou une ouverture de crédit. Par exemple : si je donne mandat à un banquier d'ouvrir un crédit à mon frère, je suis à l'égard de ce banquier, par l'effet du mandat, dans la position d'un fidéjusseur.

III. Mandat. — Louage d'ouvrage.

Le louage d'ouvrage se rapproche du mandat, en ce sens que l'une des parties se charge aussi de faire quelque chose dans l'intérêt de l'autre. Ces contrats sont tous deux consensuels; mais le louage seul est commutatif.

Une fois que ce dernier contrat a été formé, le locateur ne peut plus, par sa seule volonté, en arrêter les effets. Toutefois, il pourrait empêcher l'exécution des travaux, ou les faire cesser s'ils étaient commencés, à la charge non-seulement d'indemniser l'autre partie des dépenses qu'elle aurait faites, mais encore de lui tenir compte des bénéfices qu'elle aurait dû faire. Quant au mandat, il peut toujours être révoqué en indemnisant le mandataire de ses avances et des frais qu'il a faits. Si un salaire a été stipulé, il ne lui est dû qu'autant que le mandat aura été exécuté; s'il ne l'a pas été, et si le mandataire n'a rien dépensé, il ne lui sera rien dû.

IV. Mandat. — Commission.

Dans la commission, le commissionnaire fait aussi les affaires du commettant, et cependant il diffère essentiellement du mandataire.

D'une part, le commissionnaire ne rend point un service gratuit;

D'autre part, il stipule et promet en son nom, et, sous ce rapport, il doit être assimilé au mandataire des Romains.

V. Mandat. — Change.

Le contrat de change conduit au mandat, en ce sens que son

exécution, c'est-à-dire, la lettre de change contient nécessairement un mandat donné par le tireur au tiré.

Le contrat de change, suivi de la lettre de change, établit des rapports légaux entre trois personnes au moins : le tireur, le preneur, et le tiré. Dans cet état, le tireur sera considéré, à l'égard du tiré, comme un mandant, et à l'égard du preneur, comme une caution du payement de la lettre de change, et même de son acceptation avant l'échéance. Mais ces rapports peuvent se compliquer par le concours de plusieurs personnes, telles qu'endosseurs, donneurs d'aval ; et aussi par l'intervention de tiers qui, spontanément, acceptent ou payent la lettre de change en cas de refus du tiré.

Chaque endosseur se trouve, à l'égard du tiré, substitué aux droits du preneur, et garanti par le tireur, le preneur, et les endosseurs qui le précèdent ; à son tour, il est garant envers les endosseurs qui le suivent, et envers le porteur.

Le donneur d'aval est une caution qui garantit le payement de la lettre de change à tous ceux à qui elle a été négociée postérieurement à son aval, sauf conventions contraires.

Celui qui accepte, ou qui paye, par intervention, est le gérant d'affaires de celui en vue duquel il accepte ou paye.

JUS ROMANUM,

MANDATI VEL CONTRA.

Dig. lib. XVII, tit. 1.

§ 1. *Quibus modis contrahitur mandatum.*

Mandatum est contractus solo consensu constans quo quis negotium ab altero sibi commissum gratis gerendum suscipit.

Cum sit consensualis nulla nec verborum nec scripturæ requiritur solemnitas, et potest contrahi vel per nuntium vel per epistolam, his verbis *volo, rogo, mando,* vel quibuslibet aliis modo commissum et susceptum fuisse constet.

Etiam tacite contrahitur: cum quis pro alio sciente et non invito intervenerit, aut si ratum habuerit quod ab altero gestum est; nam ratihabitio mandato æquiparatur. Haud inutile notandum erit multi referre ejus qui alterius negotium gesserit, an postea dominus ratum habuerit, quia qui gessit habebit tunc mandati actionem; an autem dominus ratum non habuerit, tunc enim tantummodo adversus eum negotiorum gestorum actione uti poterit, qua qui gessit sæpissime minus obtinebit quam mandati actione; scilicet id tautum in quod dominus locupletior factus erit.

Ut mandatum possit existere plura requiruntur.

I° Negotium gerendum non jam gestum : hinc si post creditam pecuniam mandavero creditori credendam, nullum erit mandatum. Contra autem si tibi mandaverim domum emere, et postea scripserim non emere, si antequam cognoveris me vetuisse, domum emeris, erit mandati actio.

II° Rei nec turpis nec legibus prohibitæ mandatum esse debet :

ideoque qui ædis sacræ spoliandæ, vel hominis occidendi, mandatum suscepit non habebit mandati actionem. Non amplius esset mandati actio si, mandante adolescente luxurioso ut pro meretrice fidejubeas, tu sciens susceperis mandatum.

III° Rei talis mandatum esse debet ut in personis mandantis et mandatarii possit subsistere. Si quis mandaverit Titio ut ab actoribus suis mutuam pecuniam reciperet, non erit mandati actio; et usuras repetere non poterit nisi sint in stipulationem deductæ.

Attamen, benigna juris interpretatione, receptum est posse agi mandati actione, cum quis altero mandante rem hæreditariam emerit quæ pro parte ipsius mandatarii erat.

IV° Mandantis interesse debet ut sit mandati actio : non tamen necesse est ut ejus intersit ab initio; sufficit enim ut ex post facto intersit ut mandans teneatur; scilicet actione negotiorum gestorum, si in aliena gratia mandaverit.

At nullum esset mandatum, si solius mandatarii utilitatem respiceret : veluti si tibi mandem ut pecunias potius in emptionem prædiorum colloces quam fœneres, vel contra. Cujus generis mandatum magis consilium est quam mandatum, et, ob id, non obligatorium, quia liberum est unicuique explorare an sibi conveniat consilium sequi. Tamen mandati judicio poterit locus esse si mandans mihi scripserit negotium agere suo periculo, verbi gratia adire hæreditatem quam aliter non aditurus essem quam cautum mihi fuisset damnum præstari.

Sed mandati actio non esset, si non animo contrahendæ obligationis negotium commissum fuisset; veluti si quis dixisset : *rogo te, commendatum habeas amicum Crescentem meum;* non magis obligabitur ac is qui consilium dat, aut admonitione alteri adest.

V° Mandatum gratuitum esse debet, alioquin in aliam formam negotii caderet, nam mercede constituta, incipit locatio esse. Attamen si remunerandi gratia honor intervenit, vel si certum honorarium promissum fuerit, erit mandati actio.

§ 2. *De actionibus quæ ex mandato descendunt.*

Ex mandato duæ actiones descendunt : una scilicet directa, quæ mandanti datur ; et altera contraria, quæ mandatario competit.

Utraque actio in personam et bonæ fide.

Sunt in personam cum ex contractu descendant et non possint dari nisi contra illum qui contraxit vel contra hæredes ejus. Hinc sequitur quod si tibi mandavero fundum mihi emere, et antequam mihi tradideris, rursus alii vendas et tradas, nullam mihi competere actionem contra emptorem, sed adversus te mandatarium qui, distracto fundo, non potes erga me tuam adimplere obligationem.

Quæ duæ actiones, ex mandato cum sunt bonæ fidei judicis officio condemnari poterit in id quod præstari vel dari æquum est.

In directa mandati actione veniet ut mandanti mandatarius reddat rationes et restituat id omne quod mandati causa perceperit ; ideoque et res pro mandante emptas, fructus perceptos et usuras quæ a mandantis debitoribus solutæ fuerint. Debet quoque ipse usuras ex mora, aut si sub fœnore crediderit pecuniam mandantis, aut in usus suos converterit, aut otiosam habuerit quam sub usuris credere moris erat ; si quas ex mandato usuras percepit, eas mandanti restituere tenetur in quod interest.

Improvisum autem casum non præstat.

Quæ tamen sibi ipse mandati occasione comparavit, non mandanti restituere cogendus est ; veluti si, remunerandi causa, ei aliquid datum est.

Actio mandanti directa datur sive sua sive aliena negotia mandaverit. Datur autem in solidum adversus singulos mandatarios si plures fuerint sive res non gesta sive male gesta fuerit ; nam mandatario non licet, post susceptum mandatum, negotium derelinquere : contractus equidem sunt initio voluntatis, postea necessitatis. Attamen si ut fortuito acciderit, mandatarius mandatum explere non possit sine sui damno, nuntiare debet mandanti ut alterius opera utatur, si velit.

De dolo et culpa tenetur, cum exactissimam diligentiam adhibere debuerit.

Etsi mandati fines servandi sint, tamen in quibusdam casibus ratum habendum est si aliud pro alio gestum est; dummodo mandantis non intersit si mandatum impletum fuerit per æquipollens. Sic . si tibi mandavero ut creditori meo exsolvas, tu verò fidejusseris, erit tibi mandati actio.

Si mandatarius mandatarium sibi substituerit, quidquid detrimenti ejus negligentia vel dolo factum fuerit, id ipse præstare tenebitur.

In directa mandati actione non modo pecuniæ sed etiam æstimationis judicium est; cum infamia notetur mandatarius ob dolum et culpam damnatus.

Contraria mandati actione obtinebit mandatarius quidquid ex causa mandati sine culpa impenderit. V. g. : si mandato tuo domum emerim ære meo, habebo mandati actionem de pretio recuperando; item si emero ære tuo, et aliquid ex meo bona fide impenderim, erit mihi mandati actio ut me indemnem præstes.

Si mihi mandaveris credere alicui pecuniam, non modo adversus te habebo mandati actionem, sed adversus eum cui pecuniam credidi, condictionem ex mutuo.

Non solum impensas, sed quidquid sibi mandati causa abest mandatarius actione mandati obtinebit. Cum non pecuniam, sed rem vel servum qui meus erat mandato tuo dederim, ejus æstimatio potius ad tempus referri debet quo solverim, non quo agitur: et ideo si servus mortuus est, vel morbo gravi affectus nihilominus actio dabitur.

Abesse mandatario videtur in multis casibus quorum nonnullos hic ostendere sufficiet. Cum fidejussor debitorem suum creditori delegaverit; cum quis fidejussori donaturus creditorem solverit; cum creditor fidejussori quod sibi debebatur remiserit præsertim si oneroso titulo. Sed si donationis causa videndum erit, an fidejussori donare voluerit, tum ei abest quatenus privetur effectu donationis in ipsum a creditore collatæ.

Si quis alteri mandaverit certum hominem emere, et is homo furtum fecerit damno mandatarii, huic abesse videbitur quantum detrimenti ex furtis passus est. At damnum quod mandatarius expertus erit a latronibus spoliatus, vel naufragio, non mandati actione obtinebit, quia quod damnum magis casibus quam mandato imputari debet.

Mandatarius indemnis præstari debet ab obligationibus quas in causam mandati contraxit : modo agere poterit ut statim liberetur, modo non nisi post perfectum contractum.

Si sint plures mandatarii, actio in singulos dabitur in solidum.

§ III. *Quando et quomodo solvitur mandatum.*

Morte mandatarii solvitur mandatum si res in integro sit, quia intuitu personæ datur. Si hæredes ejus mandatum executi sint, non habebunt mandati actionem. Si res non est in integro, habebunt mandati actionem si susceptæ a defuncto obligationi satisfecerint, veluti si hæredes fidejussoris solverint.

Morte mandantis : cum enim mandatum ab ejus voluntate dependeat, sequitur ut finiatur finita voluntate. Tamen si quis mandasset debitori suo ut solveret, et eo mortuo cum id ignoraret solvisset liberari eum oportet.

Si tale sit mandatum ut non nisi post mortem mandantis fieri possit, non morte ejus finitur.

At mors mandantis nec mandatarii actiones nec mandantis exstinguit; sed transeunt utrinque in hæredes.

Solvitur adhuc mandatum mandatarii renunciatione, si justa causa adsit.

DROIT FRANÇAIS.

DU MANDAT.

(.CODE CIVIL, livre III, titre 13.)

Il ne faut pas confondre la *procuration* et le *mandat*. Le contrat de mandat se forme par l'acceptation expresse ou tacite du mandataire qui se charge de faire quelque chose pour le mandant et en son nom. Jusqu'à cette acceptation il y aura seulement procuration ou pouvoir de faire la chose.

§ Ier. *Des choses qui sont de l'essence du mandat.*

Il faut d'abord qu'il y ait une affaire, c'est-à-dire qu'il s'agisse d'une chose certaine, ou au moins désignée quant à son espèce.

Cette affaire doit être licite, c'est-à-dire non réprouvée par les lois ou par la morale.

Il faut que l'affaire ne soit pas dans le seul intérêt du mandataire; autrement ce serait un conseil.

Enfin il faut que le mandataire s'oblige à accomplir le mandat tant qu'il en demeurera chargé, et qu'il réponde des dommages-intérêts qui résulteraient de son inexécution; et que, de son côté, le mandant s'oblige à l'indemniser des avances et frais faits pour l'exécution du mandat, et remplisse lui-même les engagements contractés par le mandataire au nom du mandant et dans les limites du mandat.

Il n'est pas de l'essence du mandat que le mandataire agisse au nom du mandant, il peut agir en son propre nom, comme s'il n'avait pas de mandat; mais alors l'exécution du mandat produira des effets différents surtout à l'égard des tiers.

A la différence du droit romain, la gratuité n'est plus chez nous de l'essence, mais seulement de la nature du mandat. Toutefois, pour qu'il y ait lieu à un salaire, il faut qu'il ait été convenu, à moins que cela ne résulte d'un consentement tacite qu'on devra présumer dans certains cas, à raison de la position des parties et principalement de la profession du mandataire.

§ II. *Entre quelles personnes le mandat peut-il intervenir?*

Le mandat donné et accepté étant un contrat, la capacité de le donner et de s'en charger se trouve réglée par les principes généraux sur les conventions. Le mandat qui émanerait d'un incapable serait donc nul, et, s'il avait été exécuté, il pourrait tout au plus produire les effets du quasi-contrat résultant de la gestion d'affaires.

Mais si, pour donner mandat, il faut avoir soi-même la capacité de contracter les obligations que le mandat embrasse, il n'en est pas de même pour être mandataire : on pourrait choisir pour mandataires un mineur ou une femme mariée : seulement le mandant n'aurait action contre eux que conformément aux principes généraux qui régissent les obligations des mineurs et des femmes mariées.

§ III. *De l'étendue du mandat.*

Le mandat est général ou spécial.

Le mandat est général lorsqu'il s'étend à toutes les affaires du mandant; mais un tel mandat n'embrasse que les actes généraux d'administration, tels que, par exemple, la passation des baux qui n'excèdent pas neuf années, l'exercice des actions mobilières et possessoires, etc., etc.

Le mandat spécial est celui qui n'est donné que pour une ou plusieurs affaires déterminées. Un pareil mandat est nécessaire lorsqu'il s'agit de vendre des immeubles, de les hypothéquer, de consentir des servitudes ou d'autres démembrements de la propriété ; de transiger, de faire des offres, etc., etc. ; mais rien n'empêcherait qu'un mandat de cette espèce fût inséré dans un mandat plus général donné pour l'administration des biens.

§ IV. *Forme du mandat.*

Le mandat, étant parfait par le consentement des parties, n'est assujetti à aucune forme particulière : il peut être donné par acte authentique délivré en brevet, ou par acte sous seing privé ; ou par simple lettre, ou même verbalement ; sauf alors à le prouver conformément aux règles générales sur la preuve des conventions.

Enfin il peut même, dans certains cas, n'être que tacite : par exemple dans le cas où une femme mariée achète les provisions du ménage ; elle est réputée mandataire de son mari, et s'il y a communauté entre eux, elle obligera son mari sans s'obliger elle-même.

Une question peut ici s'élever : le mandat étant susceptible de produire des obligations réciproques ; lorsqu'il est donné par acte sous seing privé, doit-il être constaté par deux originaux, conformément à l'art. 1325 du Code civil ?

Il faut répondre que non, parce qu'il ne s'agit point ici d'un contrat synallagmatique *ab initio*. En effet, à l'instant où le mandat est accepté, il n'y a que le mandataire d'obligé ; le mandant peut toujours, quand il le veut, révoquer le mandat, à la charge d'indemniser le mandataire de ses avances; l'obligation du mandant ne peut donc prendre naissance qu'après la formation du contrat. Le mandataire fait un acte de bienfaisance, et sauf convention contraire, il ne retire du mandat que l'avantage ou la satisfaction d'un service rendu.

La plupart du temps, le mandataire qui aura même complétement exécuté le mandat, n'aura pas été obligé de faire de dépenses pour cette exécution. Il n'aura donc rien à réclamer; et si, comme cela a lieu d'ordinaire, il agit au nom du mandant, celui-ci et les tiers, en laissant de côté le mandataire, exerceront directement les uns contre les autres les droits qui leur auront été acquis par suite du mandat.

Au reste, comme la preuve du mandat n'intéresse pas seulement le mandant et le mandataire, mais encore les tiers avec lesquels ce dernier a traité, ceux-ci surtout ont intérêt à se procurer la preuve du mandat, car s'il était verbal, ou si même étant par écrit, cet acte ne leur avait point été remis, ils seraient exposés à voir l'existence du mandat méconnue par un mandant de mauvaise foi. Il sera donc prudent, de leur part, de se faire remettre l'acte qui constate le mandat; et, à défaut d'acte, d'obliger le mandataire, soit à garantir l'exécution du mandat, soit, au moins, à se porter fort pour le mandant.

§ V. *Des obligations du mandataire.*

Quoique le mandat soit de sa nature un acte de bienfaisance de la part du mandataire, celui-ci ne peut plus y renoncer sans causes légitimes une fois qu'il s'en est chargé : autrement, au lieu de rendre au mandant le service qu'il lui avait promis, il pourrait grièvement compromettre les intérêts de ce dernier. En effet, si le mandataire avait refusé d'accepter le mandat, le mandant aurait pu prendre ses mesures pour faire l'affaire lui-même, ou pour en charger une autre personne : il est donc juste que l'infidélité du mandataire à exécuter son engagement puisse donner lieu contre lui à des dommages-intérêts.

Dans les contrats dont l'une des parties retire seul l'utilité, la responsabilité de l'autre partie est en général jugée avec moins de sévérité que dans les contrats commutatifs : ici il en est autrement. Le mandataire doit apporter à l'affaire dont il est chargé tous les soins qu'elle exige; il est censé connaître l'étendue de l'obligation qu'il contracte. Sa responsabilité s'étendra non-seulement aux fautes *in committendo*, mais aussi *in omittendo*, soit que les omissions proviennent de son dol ou de sa simple négligence. Il serait trop long, et d'ailleurs inutile, d'entrer dans les détails d'une foule de cas où cette responsabilité sera encourue.

Toutefois, les juges pourraient modérer les dommages-intérêts, si le mandataire, connu comme un homme peu habile, ne s'était chargé de l'affaire que sur les instances du mandant, qui ne trouvait personne à qui il pût la confier.

Une des principales obligations du mandataire est de rendre compte de sa gestion. Ce compte doit comprendre non-seulement tout ce qu'il a reçu par suite de l'exécution du mandat, mais encore les sommes qu'il aurait négligé de percevoir et qui se trouveraient perdues par suite de sa négligence, les intérêts des capitaux qu'il aurait appliqués à son profit, etc., etc. La règle est que le mandat, sauf convention contraire, ne doit point être une cause de profit pour le mandataire.

§ VI. *Des obligations du mandant.*

Le mandant doit rembourser au mandataire qui s'est fidèlement acquitté de la charge qu'il s'était imposée, toutes les avances, soit en argent, soit autrement, que celui-ci a faites pour l'exécution du mandat, et l'indemniser de toutes les pertes et dommages qu'il a éprouvés, non-seulement à cause, mais encore à l'occasion du mandat; et même il doit lui tenir compte des intérêts du jour des avances constatées.

Le mandat donné par plusieurs personnes pour une affaire commune les oblige solidairement envers le mandataire.

§ VII. *Comment finit le mandat.*

Quant aux manières dont finit le mandat, le Code civil a adopté les principes établis par les jurisconsultes romains.

Typographie de Firmin Didot frères, rue Jacob, 56.